DIS BERLIN

EVA

DIS BERLIN
EVA

Para Andrea Bloise

Edita: **Instituto Cervantes**

Comisario: **Dis Berlin**
Texto: **Pedro Almodóvar**
Fotografía: **Javier Campano y Jaime Gorospe**
Diseño catálogo: **Dis Berlin y Paco de la Torre**
Imprenta: **Roig Impresores. Valencia**
Seguros y Transportes: **Sit Transportes Internacionales, S.A.**

Exposición Organizada por el Instituto Cervantes

Instituto Cervantes

Con la colaboración de la Dirección General de Relaciones Culturales y Científicas del Ministerio de Asuntos Exteriores

Esta exposición y esta publicación han sido posibles gracias al patrocinio de la Fundación Tabacalera

fundación TABACALERA

ISBN: 84-88252-03-X   Depósito Legal: V-4067-1993

LA COLECCIONISTA 1992
85 x 68 cm. Fotomontaje

CENICIENTA 1992
65 x 50 cm. Collage sobre papel

El Instituto Cervantes se complace en presentar
esta exposición de *collages*
y fotomontajes de Dis Berlin, que bajo
el título "Eva", incluye algunas de las obras
utilizadas por Pedro Almodóvar
en los decorados de su última película "Kika".
De la serie "Eva", el imaginativo cineasta
ha comentado recientemente:
"Mientras preparaba el rodaje, ensayaba
con los actores y profundizaba
en las características de los personajes, descubrí
la obra desmesurada de Dis Berlin: cientos
de collages geniales, dominados todos ellos
por el cuerpo desnudo
de la mujer, tratado siempre
de un modo irracional, admirativo, tenso,
irónico, con grandes dosis de perversión
y de un exhibicionismo hermético,
si esto fuera posible. Todas estas cualidades
describen a Ramón, la pareja de Kika.
La obra de Dis Berlin completa el personaje
de Ramón y lo enriquece. Crea para él
un universo y explica al personaje".
Con esta exposición, que se inaugura
en Lisboa el próximo Diciembre de 1993
y que posteriormente será trasladada
a Roma, París y Nueva York,
el Instituto Cervantes cumple con la misión
de contribuir al mayor conocimiento
del panorama artístico contemporáneo español,
al difundir en el exterior la carismática
e innovadora obra de este brillante artista.

NICOLAS SANCHEZ ALBORNOZ
Director del Instituto Cervantes.

LUJURIA 1992
63 x 56 cm. Collage sobre papel

Aunque no fuéramos pocos los fascinados por su lenguaje -tan narrador, tan provocativo- quién iba a pensar hace quince años que un cineasta español de tinte marginal iba a convertirse en uno de los pocos valores seguros de esta bolsa –tan oscilante y caprichosa como la financiera– que es la escena cinematográfica mundial.
Así fue y Pedro Almodóvar es hoy uno de los pocos españoles cuyas realizaciones cruzan el mundo en todas direcciones, pregonando la buena nueva de la modernidad española.
Y es él quien, en este caso, ha señalado la obra de Dis Berlin como una de las más brillantes y elaboradas del panorama artístico actual, haciéndola formar parte de las moradas y el argumento de "Kika", su última película.
Los fotomontajes y collages que se presentan en esta exposición son un recorrido por la iconografía de las revistas estadounidenses de los años cuarenta y cincuenta, de las que se hace una relectura admirativa e irónica.
Nada puede ser más grato para la Dirección General de Relaciones Culturales y Científicas del Ministerio de Asuntos Exteriores que colaborar con el Instituto Cervantes –punta de lanza de la proyección cultural de nuestro país– en esta muestra de arte español actual, con la confianza de que el público extranjero que la contemple sabrá captar en toda su integridad la forma de "mirar" de un artista español como Dis Berlin y, con ello, absorber la proyección de la creatividad contemporánea en España, que –tras décadas de aislamiento y distorsión– está generando una conciencia cultural de alto voltaje, que puede suponer una notable aportación a las relaciones culturales entre nuestros pueblos.

DELFIN COLOME
Director General de Relaciones Culturales y Científicas.
Ministerio de Asuntos Exteriores.

PROYECTO PARA "KIKA" 1993
Macintosh FX. Adobe Photoshop

Cuando hace casi un año, Dis Berlin me mostró sus collages, advirtiéndome antes que sólo se trataba, en algunos casos, de bocetos para futuros cuadros o series cuya naturaleza se entendería mejor narrada en forma de libro, me causaron un impacto enorme. Resultaba muy prometedor que el artista tomara aquel material como parte de un proceso (espero que haya cambiado de opinión). Para mí, como espectador, los collages suponían ya una obra acabada y maestra.
Tanto me impresionaron que decidí adoptar algunos de ellos como parte de la iconografía de la película que estaba preparando, KIKA, adjudicándoselos a uno de los personajes. Casualmente, el personaje en cuestión era fotógrafo de modas, de profesión, y *voyeur* de íntima vocación. Su *voyeurismo*, además, era un elemento esencial que dinamizaba la trama. Después de descubrir los collages de Dis Berlin, hice a mi personaje autor de algunos de ellos. Para mí fue como una revelación, porque a través de esas imágenes se entendía mucho mejor al personaje, un chico muy hermético del cual era difícil dar información.
Me alegra que parte de esa obra vea ahora la luz, y deploro que vaya acompañada por el comentario de este cineasta. No soy un experto y si me atrevo a prologar este catálogo es sólo por la admiración que la obra de Dis Berlin me inspira. Me excuso por este insignificante comentario para una obra de resonancias tan múltiples y variadas.
Cuando hacía referencia al uso que he dado a alguno de los collages en mi película, no pretendo decir que la obra de Dis Berlin sea la obra de un *voyeur*. Hay una intimidad tan activa en ellos que diría que el artista se está contemplando a sí mismo, por dentro, que ha puesto delante de sí un espejo para constatar un descubrimiento que le tenía arrebatado: el Descubrimiento de la Sensualidad. Y al decir sensualidad me refiero al cuerpo femenino, rastreado desde todos los ángulos, como objeto de placer. Esta cualidad de mujer-objeto, no entraña nada peyorativo, al contrario, es un homenaje a la piel femenina como camino y fin de trayecto, no exento de tensión, ni de ironía, y sobre todo impulsado por un deseo irrefrenable. La mujer, como flor explícita, como fruta excitada, casi siempre frente al espectador que la contempla, inconsciente, indiferente, retadora o cómplice de todos los peligros que la rodean. Carnal, barroca, kitch, eterna, imprescindible. La sensualidad de cuyo descubrimiento hablo es una sensualidad no moralizada ni pervertida, sino lúdica, misteriosa, épica, tragicómica, cotidiana, psicodélica y por supuesto autobiográfica. Es la alegría de celebrar un regalo de nuestra naturaleza, mezclado y equivalente a la otra naturaleza, la que Dios o el Azar han puesto alrededor nuestro como sustancioso decorado para hacer la vida más vivible.

PEDRO ALMODOVAR.

LA BELLA Y LA BESTIA 1991
51 x 71 cm. Collage sobre papel

EVA EN WONDERLAND 1992
44 x 62 cm. Fotomontaje

LA LECCION DE MUSICA 1992
36 x 55 cm. Serigrafía y huecograbado sobre papel.

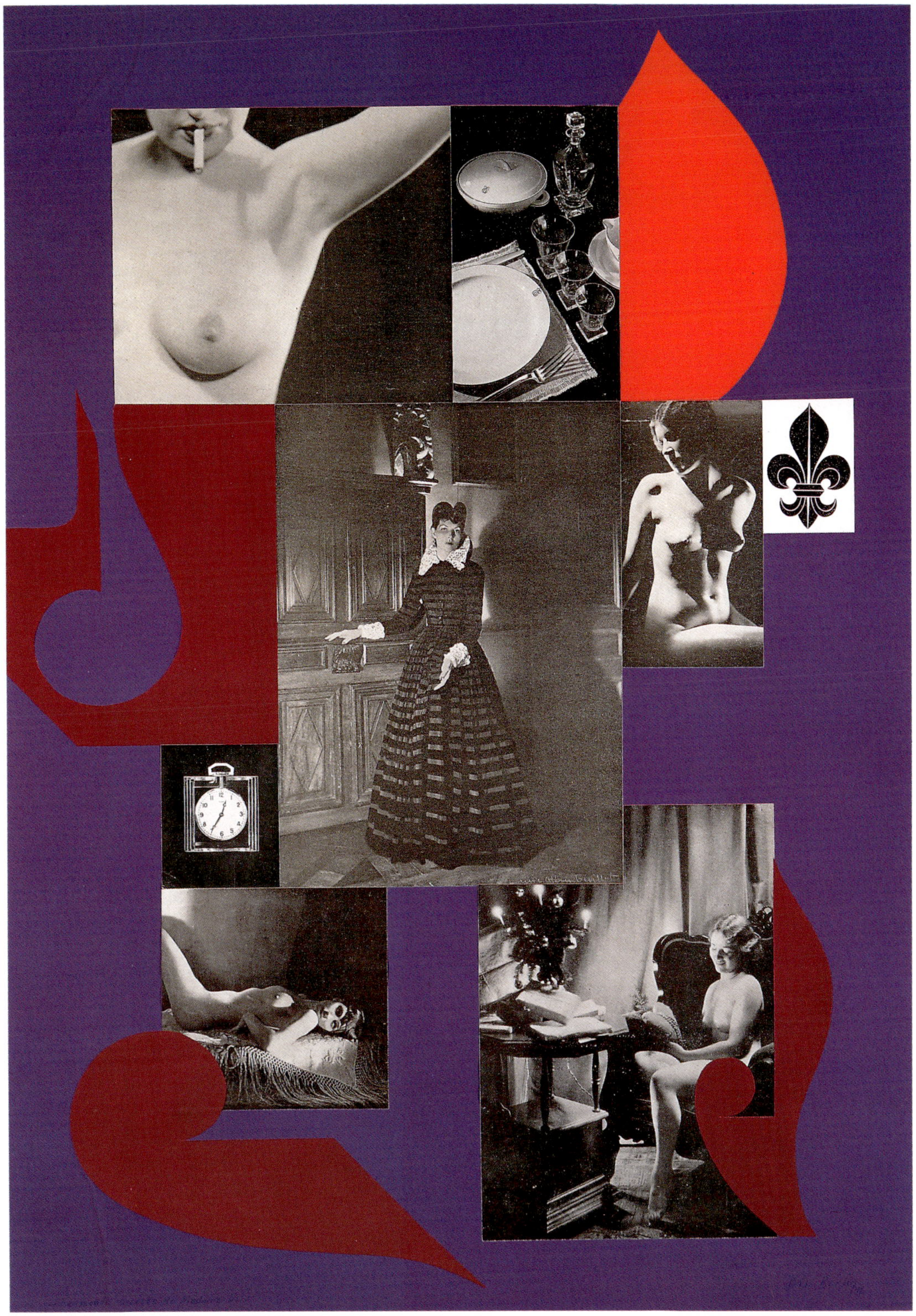

LA VIDA PRIVADA DE MADAME DE S... 1992
70 x 50 cm. Collage sobre papel

CAPERUCITA 1990
50 x 65 cm. Tinta y collage sobre papel

MUJERES DE WONDERLAND 1992
70 x 50 cm. Serigrafía y collage sobre papel

CREACION DE EVA 1992
70 x 50 cm. Oleo y collage sobre papel

EVA: ESCALERA HACIA EL CIELO 1991
70 x 52 cm. Collage sobre papel

CONCUBINA 1991
50 x 70 cm. Collage sobre papel

LA VENDEDORA DE COCHES 1992
70 x 50 cm. Collage sobre papel

ADAN Y EVA 1992
50 x 65 cm. Tinta y collage sobre papel

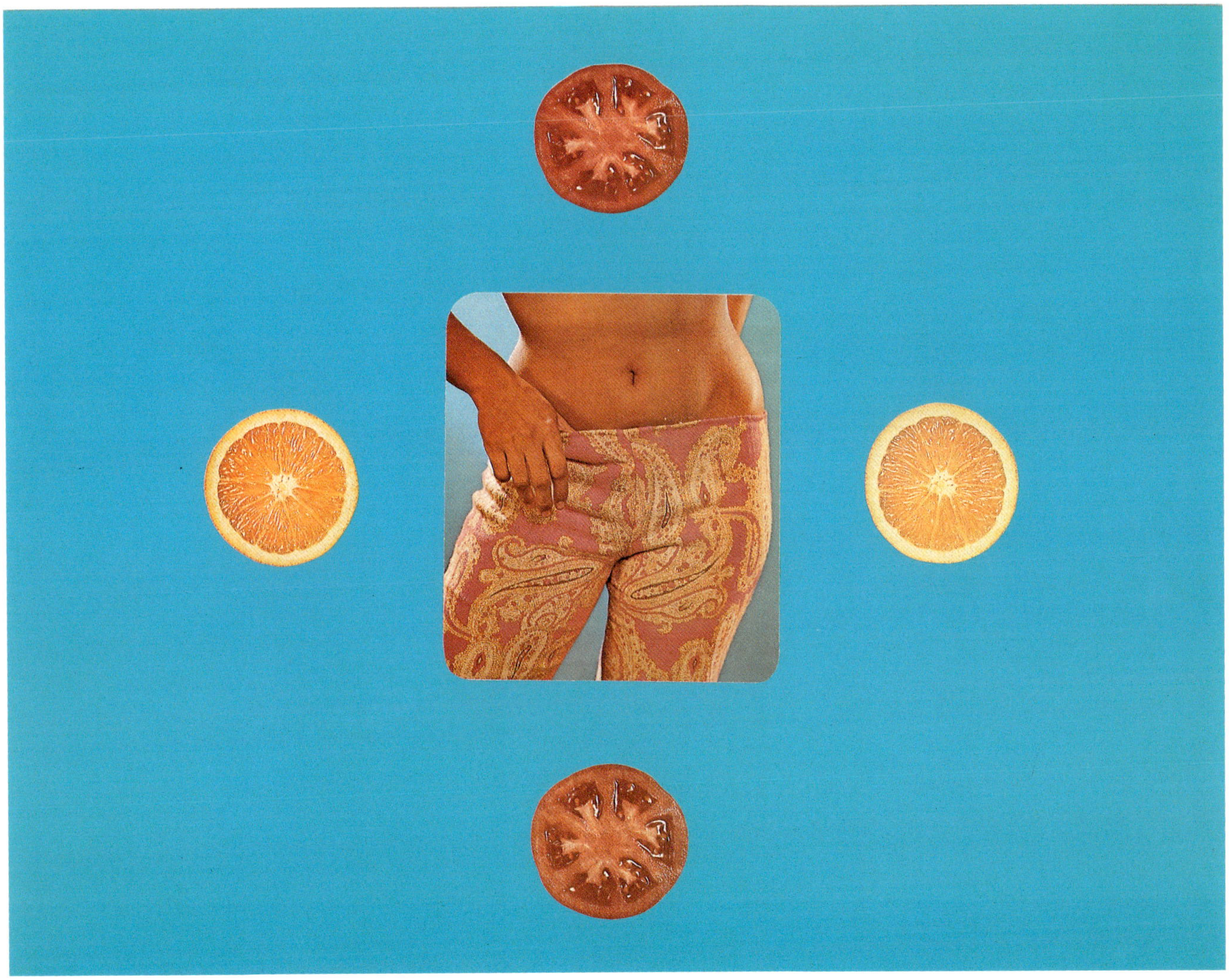

FRUTA Y VERDURA 1991
50 x 65 cm. Collage sobre papel

LAS MARIPOSAS DE MAN RAY 1991
50 x 70 cm. Tinta y collage sobre papel

LA BELLA Y LA BESTIA 1990
65 x 50 cm. Oleo y collage sobre papel

TANGO 1991
50 x 64 cm. Collage sobre papel

BRIGITTE Y YO 1992
70 x 52 cm. Collage sobre papel

LAS DOS GEMELAS 1991
50 x 65 cm. Collage sobre papel

AFRODITA (Homenaje a Pierre Louis) 1992
50 x 65 cm. Collage sobre papel

LA "QUERIDA" 1992
48 x 65 cm. Serigrafía y collage sobre papel

PARIS LA NUIT 1992
70 x 52 cm. Collage sobre papel

MUJER-FLOR 1991
52 x 39 cm. Collage sobre cromolitografía

MUJER-FLOR 1991
52 x 40 cm. Collage sobre cromolitografía

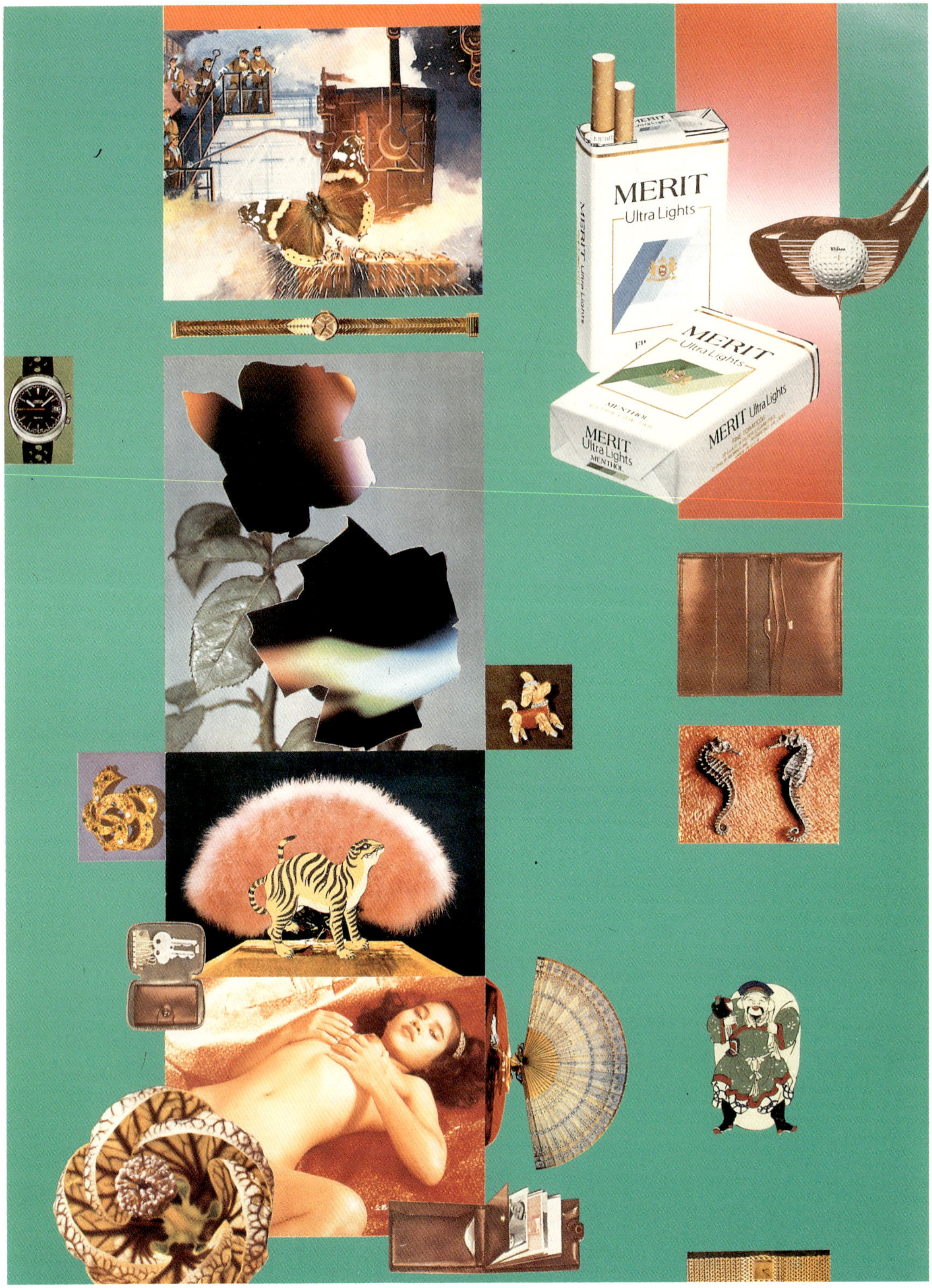

CHINA CAPITALISTA 1993
70 x 52 cm. Collage sobre papel

VOGUE 1991
70 x 50 cm. Guache y collage sobre papel

EVA MODERNA 1992
50 x 70 cm. Collage sobre papel

EVA AL DESNUDO 1991
65 x 50 cm. Collage sobre papel

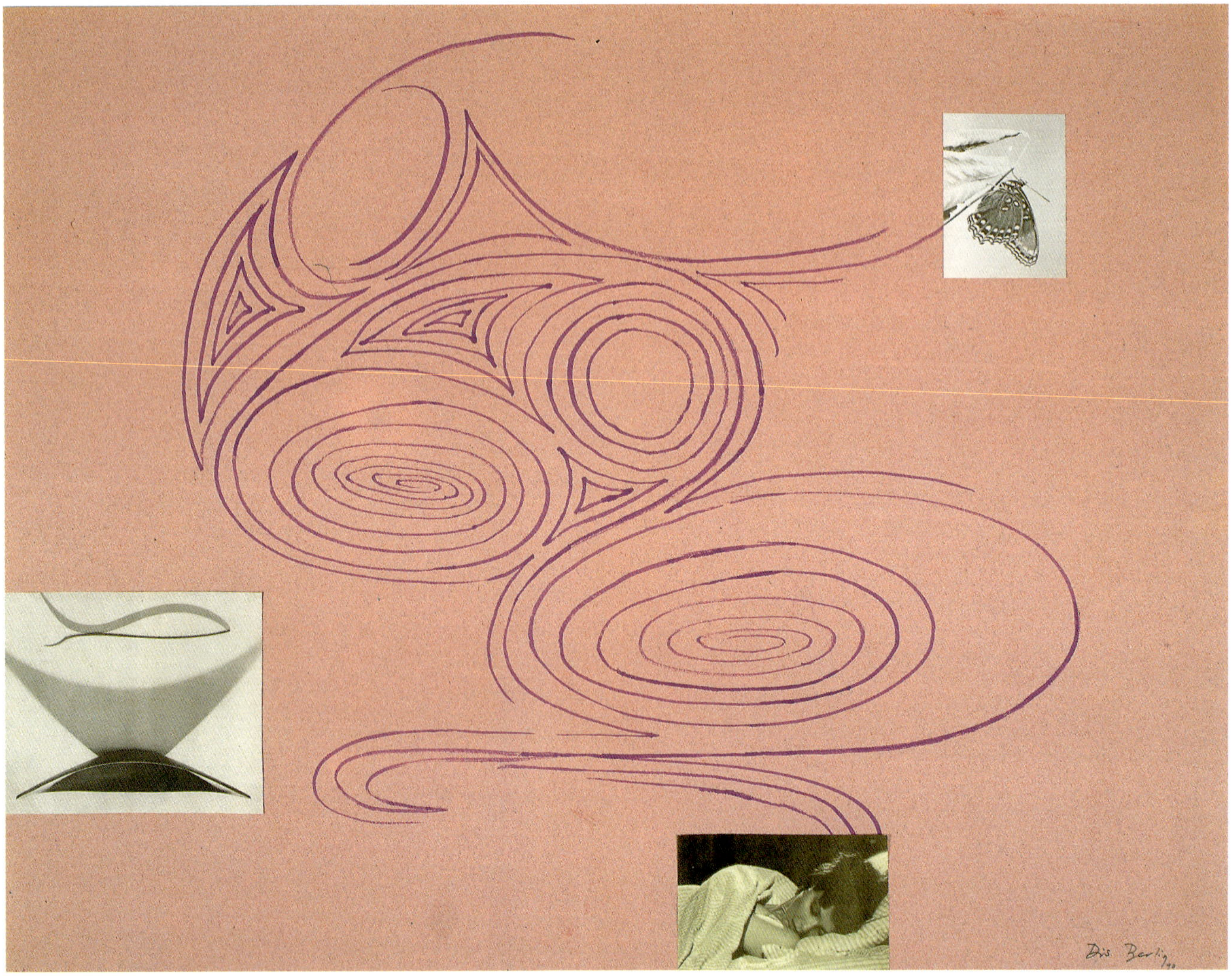

SUEÑO-LABERINTO 1990
50 x 65 cm. Tinta y collage sobre papel

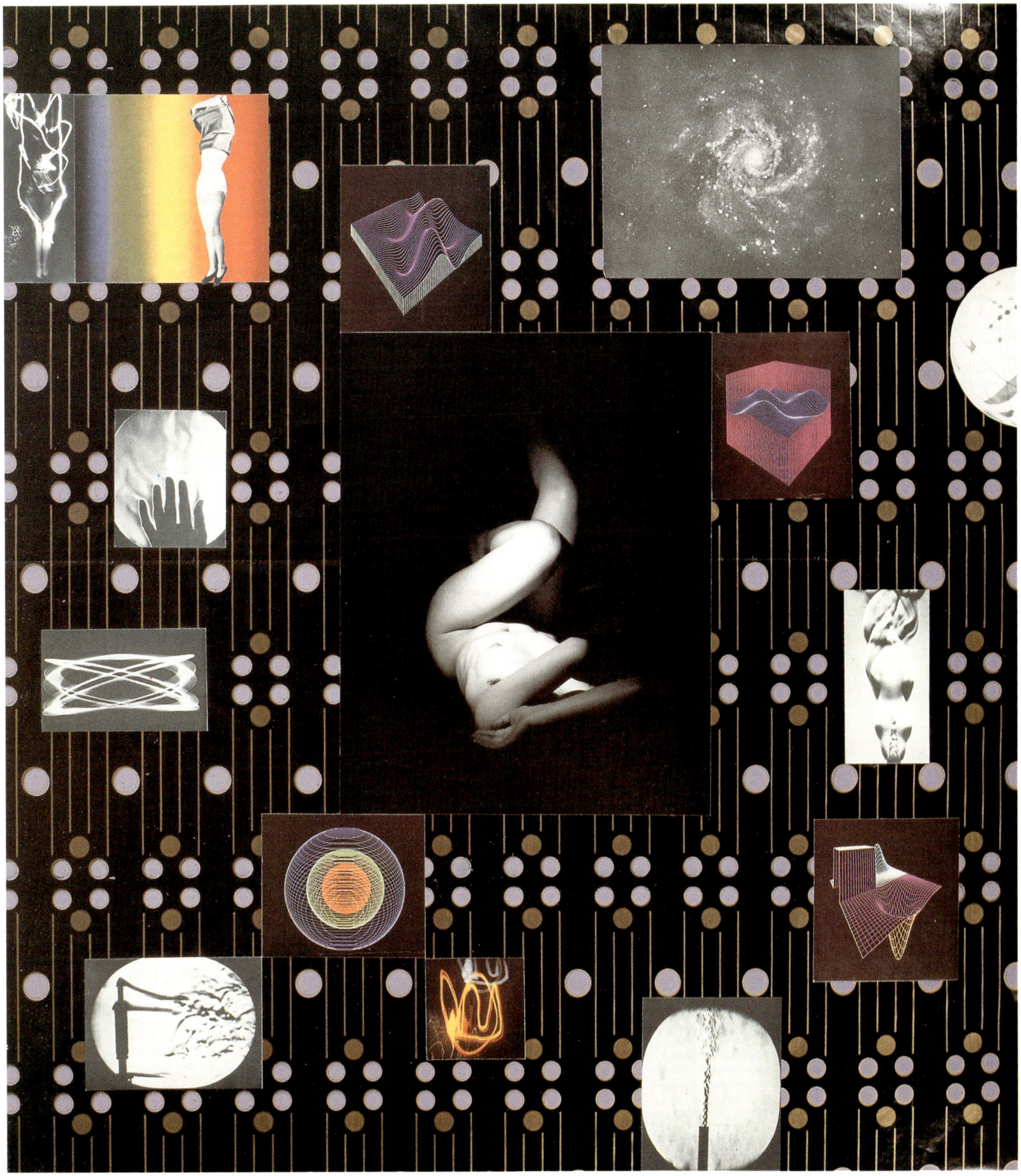

SUEÑOS 1992
63 x 56 cm. Collage sobre papel

EVA 1991
50 x 70 cm. Collage sobre papel

NACIMIENTO DE VENUS 1991
65 x 50 cm. Collage sobre papel

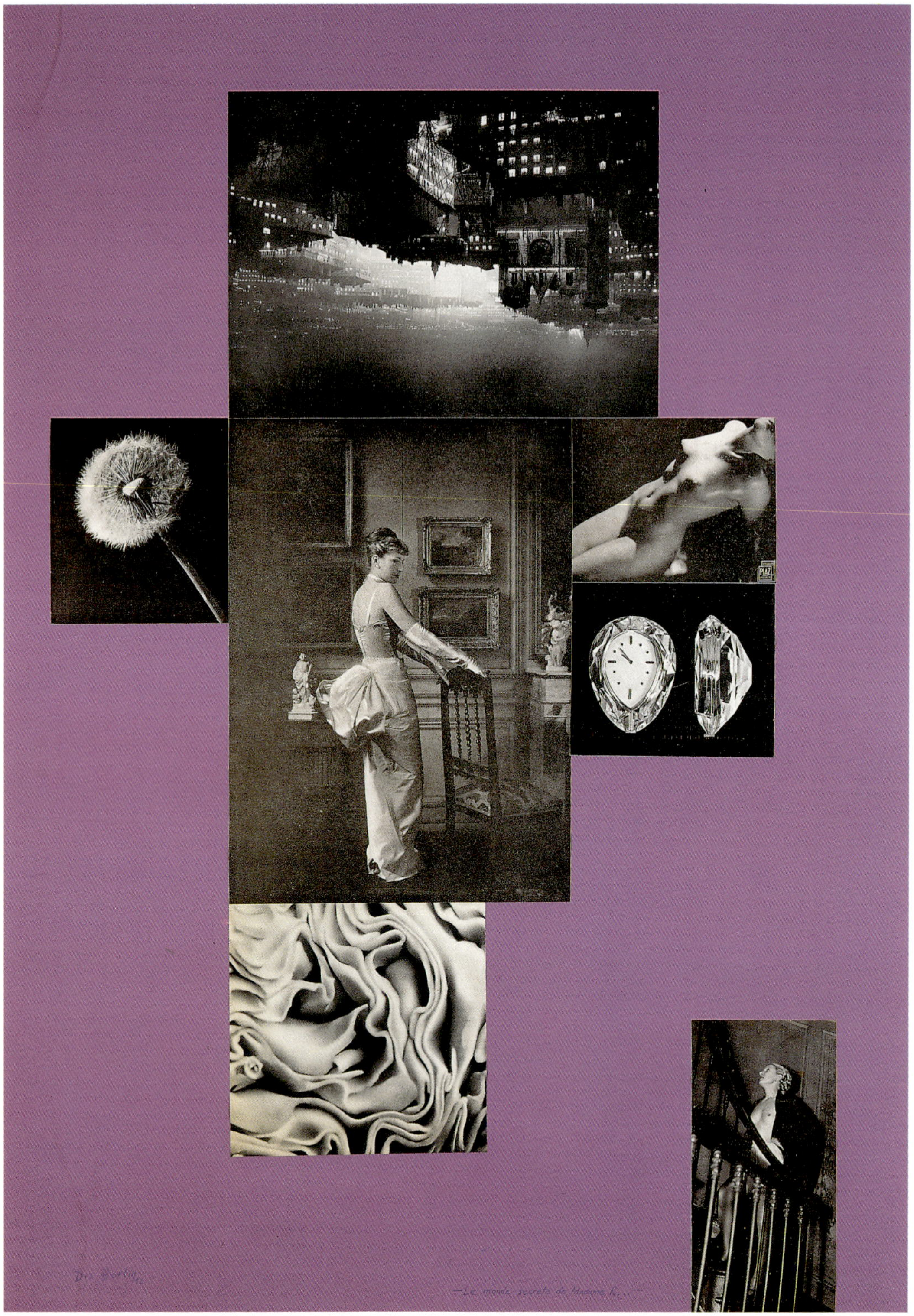

LA VIDA PRIVADA DE MADAME R... 1992
70 x 50 cm. Collage sobre papel

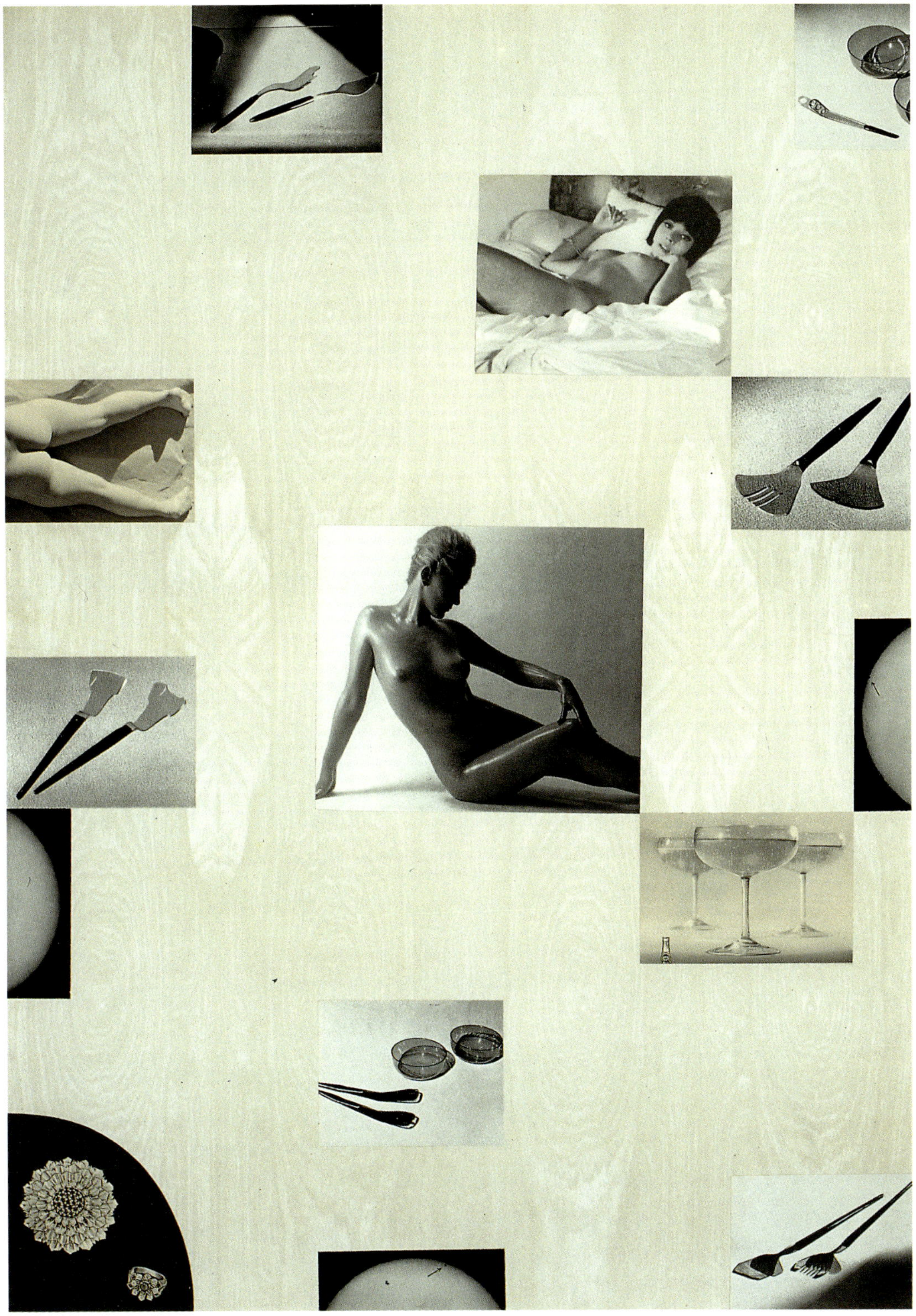

LA MESA ESTA SERVIDA 1991
50 x 70 cm. Collage sobre papel

ARCO DEL TRIUNFO 1992
50 x 70 cm. Collage sobre papel

EL ETERNO FEMENINO 1992
50 x 65 cm. Técnica mixta y collage sobre papel

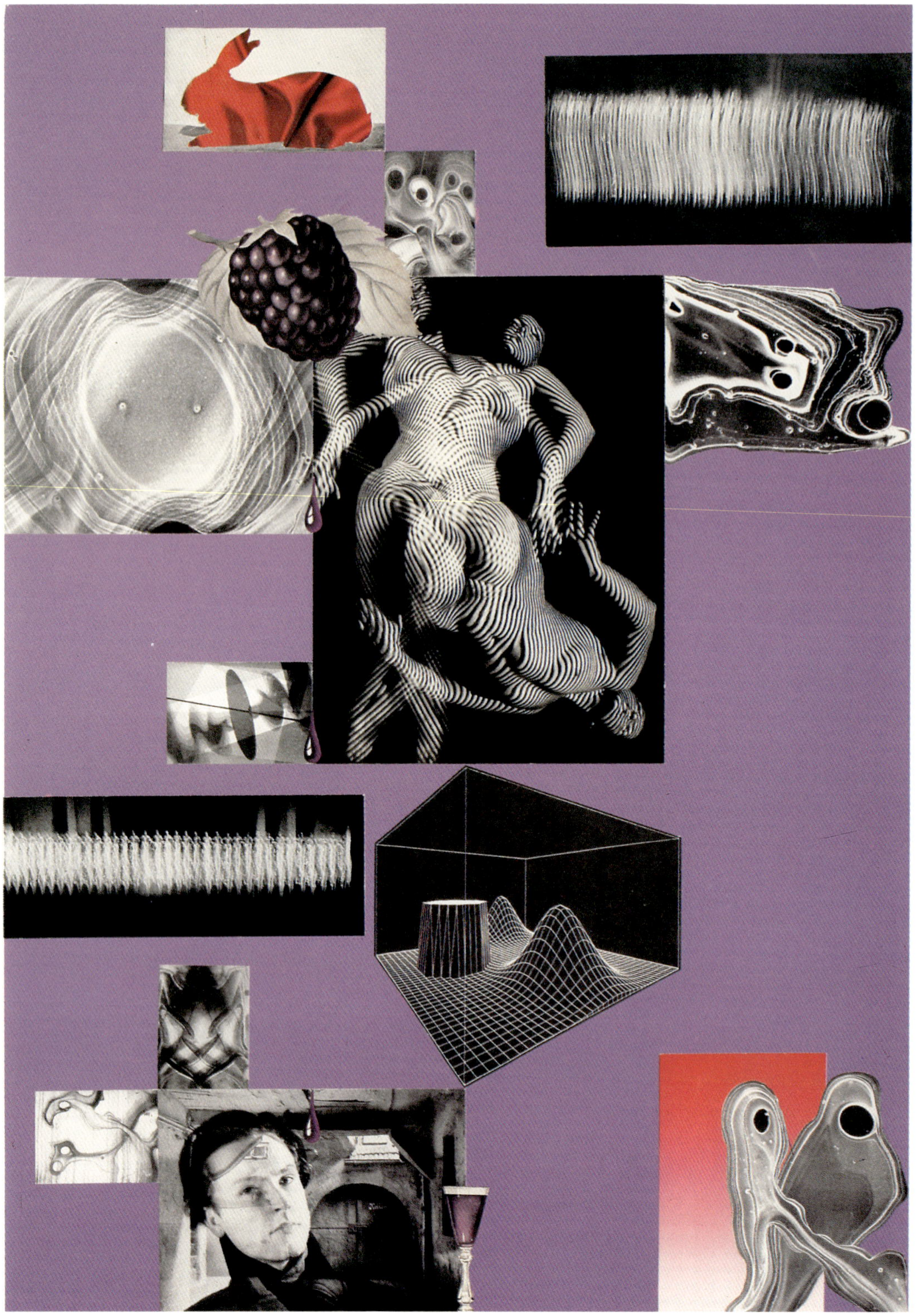

EL ESTUDIANTE DE PRAGA 1992
70 x 50 cm. Collage sobre papel

FLOR DE TANGO 1992
70 x 50 cm. Técnica mixta y collage sobre papel

PSICODELIA ROCOCO 1990
51 x 66 cm. Tinta y collage sobre papel

EL ESPIRITU DE VERSALLES 1992
48 x 65 cm. Serigrafía y collage sobre papel

LA DAMA Y EL VAGABUNDO 1992
52 x 50 cm. Tinta y collage sobre papel

IMPRESIONES DE AFRICA 1992
63 x 56 cm. Collage sobre papel

EVA FUTURA 1991
51 x 71 cm. Collage sobre papel

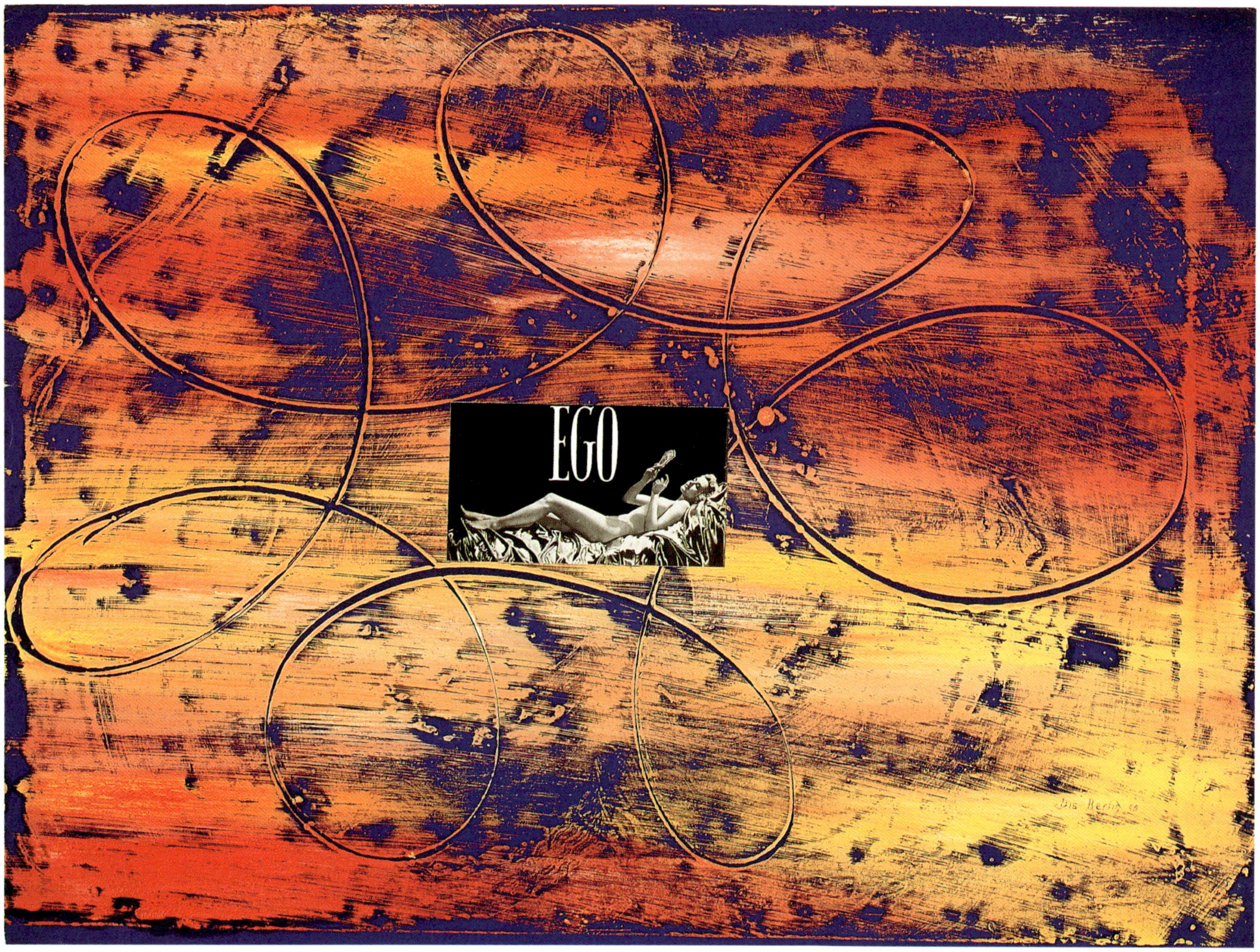

EGO 1990
52 x 70 cm. Oleo y collage sobre papel

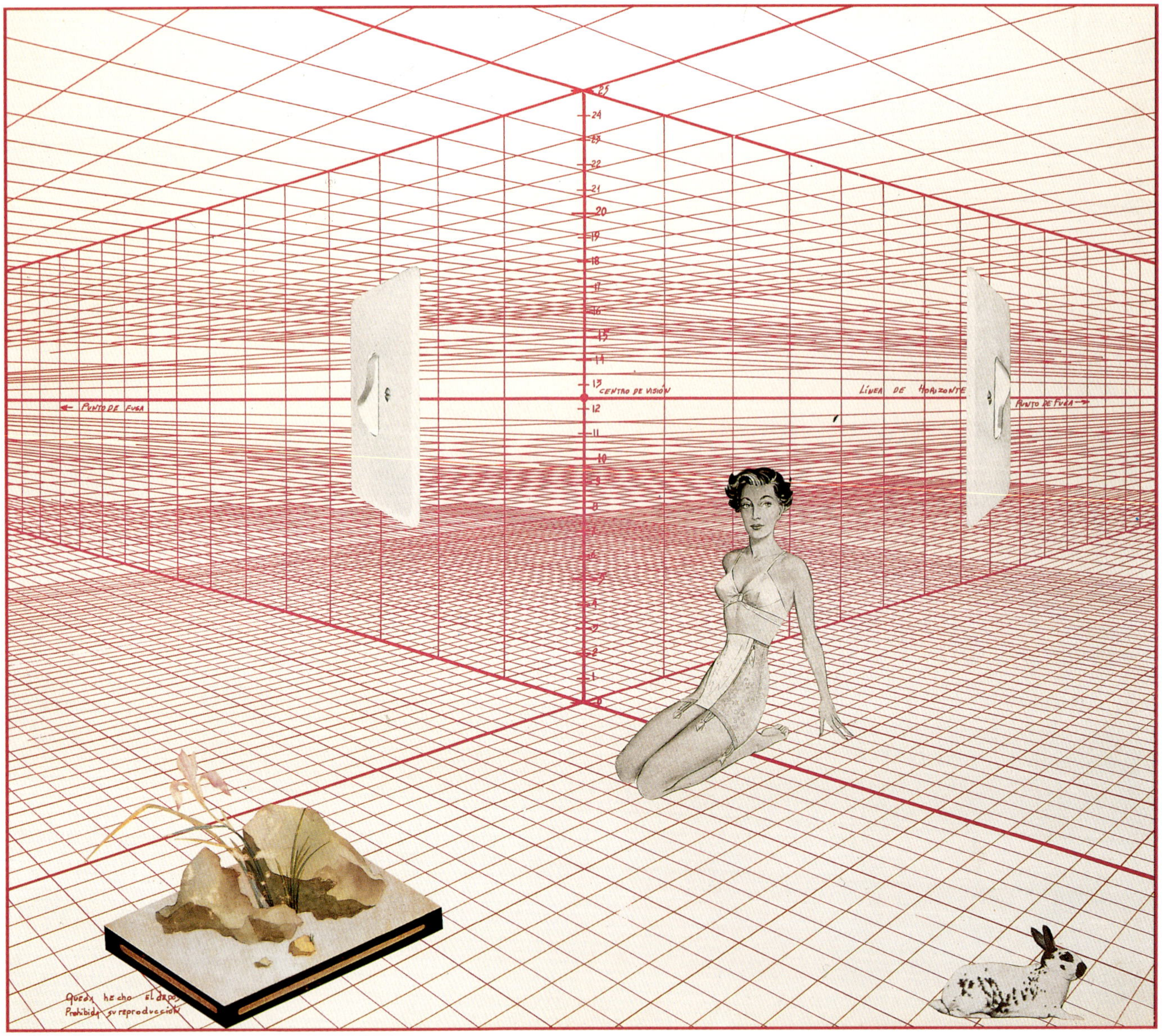

INTERIOR MODERNO 1992
53 x 65 cm. Collage sobre papel

SOL NACIENTE 1992
70 x 50 cm. Serigrafía y collage sobre papel

EVA FUTURA 1991
50 x 70 cm. Collage sobre papel

LA CHICA FELIZ 1992
65 x 50 cm. Collage sobre papel

ALICE IN WONDERLAND 1992
50 x 65 cm. Collage sobre papel

EL ANGEL AZUL 1991

Serigrafía y collage sobre papel

FIESTA DE MUJERES 1992
46 x 68 cm. Acuarela y collage sobre papel

DIS BERLIN

1959 Ciria (Soria)

EXPOSICIONES INDIVIDUALES

1982 A SONG FOR EUROPE. Antonio Machado. Madrid.
1983 NUEVAS CANCIONES PARA EUROPA. Galería Buades. Madrid,
1984 Sala de la Caja Postal. San Lorenzo de El Escorial.
Sala de la Caja Postal. Cuenca.
Galería Palace. Granada.
1985 Galería Temple. Valencia.
Galería Buades. Madrid.
1987 STATION TO STATION. Galeria Columela. Madrid.
1988 Galería Temple. Valencia.
1989 DESCRIPCION GRAFICA DE LOS ECOS. Sala Barbasán. Zaragoza.
LOVE DREAMS. Galería Siboney. Santander.
1990 LOVE DREAMS. Galería Arco Romano. Medinaceli, Soria.
THE CREATION. Art´90 Basel. Galería Buades.
PARADISE. Galería Buades. Madrid.
HEAVEN. Galería Columela. Madrid.
CANTOS. Banco Zaragozano. Zaragoza.
1991 EL CUADRO INFINITO. Sala de Exposiciones, Universidad de Valencia.
EL VIAJERO INMOVIL. Castillo de Valderrobles. Museo de Teruel.
LA ISLA DE LOS SUEÑOS. Galería Siboney. Santander.
EJERCICIOS DE DIBUJO ARTISTICO. Ginko Ediciones. S. Madrid.
1992 EL CUADRO INFINITO: (Segunda entrega). I.C.I. Buenos Aires.
1993 MUSIC. LAND. Galería Xavier Fioll. Palma de Mallorca.
WONDERLAND. Galería Columela. Madrid.
WONDERLAND. Galería el Caballo de Troya. Madrid.
PINTURAS SECRETAS. Galería Denise Levy. Barcelona.
PAISAJES DE WONDERLAND. Galería My Name is Lolita. Valencia.
EVA. Instituto Cervantes. Lisboa.

EXPOSICIONES COLECTIVAS

1982 PINTURA JOVEN. Ayuntamiento de Fuenlabrada. Madrid.
SU DISCO FAVORITO. Itinerante.
1993 BIENAL NACIONAL DEL ARTE. Diputacion Provincial de Pontevedra.
CINCO PINTORES DE ZARAGOZA. Fundación Valdecilla Madrid. Madrid.
1984 EN EL CENTRO. Centro Cultural de La Villa. Madrid.
MADRID; MADRID;MADRID. Centro Cultural de La Villa. Madrid.
BIENAL DE ARTE TAURINO. Córdoba.
PRIMER SALON DE PINTURA JOVEN DE MADRID. Madrid.
PRIMER CERTAMEN DE PINTURA. Postal de Ahorros. Madrid
PRIMER CERTAMEN DE PINTURA. Biblioteca Nacional. Madrid.
1985 COTA CERO. Alicante–Madrid.

MUJER-FLOR Y SATIRO 1992
58 x 28 cm. Collage sobre cromolitografía

ARCO 85. Stand Galería Buades. Madrid. Basel (Suiza).
TOROS EN LA PINTURA ESPAÑOLA, SIGLO XX. Valencia.
EL DESNUDO. Galería Juana de Aizpuru. Madrid.
MUESTRA DE ARTE JOVEN. Círculo de Bellas Artes. Madrid.
NAUFRAGIOS. Bienal de Valparaiso. Chile.

1986 NAUFRAGIOS. Gijón
CONFIGURACION. Galería Oliva-Mara. Madrid.
ART'17-86. Stand Galería Buades. Madrid.
VI SALON DE LOS DIECISEIS. Museo de Arte Contemporáneo. Madrid.
ENCUENTROS MADRID-VIGO. Ayuntamiento de Vigo. Vigo.
SALON DE OTOÑO. Zaragoza.

1987 II BIENAL DE PINTURA DE MURCIA. Iglesia de San Esteban. Murcia.
PAPELES. Galería Buades. Madrid.
LES BORDS DE LA MEMOIRE. Galeria Le Chanjour. Niza.
IX BIENAL DE ARTE. Vigo.
TOROS II. Galería Moriarty. Madrid.
COLECTIVA. Galería Buades. Madrid.
PINTURA CONTEMPORANEA ARAGONESA A LA ESCUELA. Zaragoza.
JOVEN PINTURA ESPAÑOLA. De Nieuwe Kerk, Amsterdam 1986 y Sala Amadís, Madrid 1987.
PAPIERS-COLLES. Sala de Exposiciones Universitat de Valencia.
DE COLECCION. Galería Decaro. Madrid.

1988. LA GENERACION DE LOS OCHENTA. Itinerante por Iberoamérica.
FLORES. Galería Estampa. Madrid.
FELIZ AÑO NUEVO. Galería Estampa. Madrid.
A Gallery Restaurant. Brisbane, Australia.

1989 SIN COARTADA (BELLEZA Y OBSCENIDAD). Sala de Exposiciones Universitat de Valencia.

1990 I BIENAL DE PINTURA TANQUERAY. Madrid. Itinerante.
AMNISTIA INTERNACIONAL. Subasta en Durán. Madrid.
COLECCION CERLER. Pintura Aragonesa Contemporánea. Colegio Oficial de Arquitectos. Zaragoza.

1991 EL RETORNO DEL HIJO PRODIGO. Galería Buades. Madrid.
LUCIEN (Homenaje a Luis Frangela). Galería Ciento . Barcelona.
UN SIGLO DE PINTURA ESPAÑOLA. Museo de Bellas Artes de la Ciudad de Tsu Yie-Ken. Japón. Manshin Departament Store Osaka.
COLECCION PUBLICA; SELECCION DE INGRESOS DE ARTE CONTEMPORANEO. Museo de B.B.A.A. de Vitoria.
Exposición de Libros de Grabados; ULTIMA EUROPA y MITAD DEL GODNE; con Xesús Vázquez. El Caballo de Troya. Madrid.

1992 ARTE EN ESPAÑA. 1965-1990. Museo de Arte Moderno Santa Fe de Bogotá.
ESPAGNE 23 ARTISTAS POUR L'AN 2000. Galería Artcurial. París.
Galería Arco Romano. Medinaceli. Soria.
ARTE EN ESPAÑA 1965-1990. Museo Rufino Tamayo. Mexico D.F.

ARTESANIA ESPAÑOLA 1991
65 x 50 cm. Collage sobre papel

BECARIOS GRUPO ENDESA. Fundación Museo Evaristo Valle Somio. Gijón.
COLECTIVA TAURINA. Galería Max Estrella. Madrid.
A SALUTE TO SPAIN. Bruton Street Gallery. Londres.
COLLAGES DE COLLAGES. El Caballo de Troya. Madrid.
EL RETORNO DEL HIJO PRODIGO. Galería Columela. Madrid.
Galería de Arte Pilares. Cuenca.
BECARIOS GRUPO ENDESA. Santa Mónica. Barcelona.
LA CUEVA DE ALI-BABA. El Caballo de Troya. Madrid.
ARTISTAS EN MADRID. AÑOS 80. Sala de Plaza de España. Comunidad de Madrid.

1993 SOLO SE VIVE UNA VEZ. Contraparada. Murcia
III MOSTRA UNION FENOSA. La Coruña.
SUEÑOS GEOMETRICOS. Arteleku. San Sebastian.
Galería Elva Benitez. Madrid